liebestier
Miriam Tag

Gedichte

Mit einem Nachwort von Simon Probst

„In der feuchten Liebe gibt es Augenblicke,
da beneidet uns der Himmel um das, was wir
auf der Erde können."
— Hafis

„Möge ich Wörter schreiben nackter als Fleisch,
fester als Knochen, widerständiger als Sehnen,
empfindsamer als ein Nerv."
— Sappho

„Natur, wie das Begehren, ist nicht neutral"
— Autumn Royal

san, eichhorn

ich lege meine wange ans holz
deiner haut und bewundere ihre dichte

etwas von mir will hineinschmelzen
in den harzigen duft aus der tiefe

etwas von mir tastet die maserungen entlang
auf der suche nach einem einschlupf

keine stelle liegt offen, aber unter dem
sanften druck meiner haut wird das holz

dünner und dünner. etwas pulsiert
in den letzten lagen aus pergament

und dein körper kommt mir entgegen

miku, leguan

jetzt lechze ich danach, dieses kleine elastische band
meiner zunge ausschnellen zu lassen,
dass es dein ohr erreicht.

du jaulst, dein gehörgang zuckt, dein kopf wendet sich,
doch dein körper dreht sich mir entgegen.

ich muss tiefer küssen, ich muss durch dein ohr
die innenseite deiner haut erreichen,

ich muss die fläche, die unsere körper jetzt teilen, in deinen schädel falten,
das schmatzende geräusch in die windungen gießen,

bis dein kortex überschwemmt ist
vom deutlich hörbaren rhythmus des begehrens.

ich knabbere gerne dinge an, beiße hinein und
lass sie dann liegen. aber dies ist eine mahlzeit,
die ich beenden, die ich nie beenden werde

sarawak, anakonda

ich streife auf silbrig glänzenden schuppen
an deiner haut entlang. meine zunge tastet

den abstand unserer körper, mein mund weiß
genau, was er gleich aufnehmen wird von dir.

wie die aromen der luft dichter werden in
den heißen regionen. mein blut ist kalt, aber

jetzt wird mein züngeln rascher. ich werde
dich nicht umschlingen, ich werde mich nicht

verbeißen, nur ein wenig, über unverfängliche
stellen deines körpers gleiten, bedächtig, kühl,

die fassung wahren. aber, aber jetzt das weiße
dreieck deiner leiste mit meinen feinen zähnen

ritzen

       mala, glühwurm

wenn ich ohne körper denke,
verliert sich das leuchten meines unterleibes
tief im wald.

ein lichtpunkt schwirrt einsam durch die nacht,
erglimmt und erlischt, erglimmt und erlischt,
erlischt.

gib mir meinen körper zurück,
diese herrliche maschine aus chitin,

damit ich aus den schichten funken kann,
die rau sind und durchlässig für licht,

bis ganze buschreihen blinken
im takt meines röhrenherzens

prien, fuchs

erst schleiche ich mit großem abstand an dir vorbei,
mager und wachsam, mein struppiger pelz aufgerissen
von verwegenen streifzügen.

die erde duckt sich unter mir.

in meinem fell hängen die noch warmen reste des tages.
nun ist es nacht, und mein begehren, diese sanfte rote waffe,
dehnt sich über den gesamten körper aus.

ich bin bereit für ein erneutes kühnes spiel, ich bin bereit
für den riskanten moment, wenn ich im strahl deiner augen
erstarre, bloß, deinem blick ausgesetzt,

selbst beute bin

gerlo, raupe

noch ist mein körper prall, schwillt, lässt meine haut
platzen, diese robuste epidermis,

wieder und wieder. erschütterte segmente brechen auf.

im schutz der blätter an langen fäden hängend
wachse ich tag um tag meiner komplizenschaft entgegen.

ich muss nur die welt auf die andere seite der wahrheit holen, ich muss nur

den lauf frei geben aus rascheln und knacksen
in das erweiterte schwirren der stoffe.

noch täusche ich dich. noch will ich weder bild noch beute sein.

aber bald hat mich mein körper ganz verschluckt,
und dann beginnt in der stille eine flüchtige berührung,

die mich anders meint und dich.

frenk, eule

die tage sind lang, doch die nächte länger.
mein gefieder dehnt sich durch die luft,

meine augen schneiden einen schmalen gang
durch den abstand zwischen unseren körpern.

ich will dich erreichen; ich will deine laute trichtern,
jedes knacksen, ächzen, rascheln, jede reibung deiner finger
auf flechten, auf haut, die gelösten stöße, in denen du denkst.

wie nah sich mein ohr deiner lage wähnt,
wie sich weit entfernte geräusche in meinen körper meißeln,
wenn es deine sind,

und wie ich vielerlei arten der stille zu unterscheiden
lerne in der harten ausrichtung auf dich.

kirumi, krake

wenn die sonne durch den spiegel der tiefe bricht
und meine lichtempfindlichen flächen bedeckt,
erwacht die zyklische mystik meiner arme.

in tausend richtungen zugleich
tasten meine tentakeln nach deinem körper.

ich bin ein entwurzelter baum am meeresgrund,
treibe durch das räumliche intervall einer sehnsucht,
stoße mein großes, mehrteiliges herz durch engste spalten.

es trägt mich weiter und weiter fort zu dir.

das schicksal meiner art ist es, einmal zu lieben
und dann zu sterben.

nun aber schreibt sich diese geschichte neu
im meer der absichtslosen berührung.

ana, tigerin

der blick von außen kolonialisiert mich, macht mich zu so einer

bestie: zerlegt lämmer, kälber, kaut rohe körper, reißt fell und
fleisch aus wunden, streckt andere leben mit tiefen hieben nieder.

deine augen aber sind wetter, innen, aufgefächert, wissen: nichts ist wirklich
neutrum, weder begehren noch das natürliche. kann das nicht einfach

ein körper sein, wie ihn manche noch haben, zumutbar, mit einer lust,
die sich quer über den boden schleudert, scharf, schnurrend, aufgerollt,

mit krallen an überraschend sachten pranken, einer rauen
vorliebe für zungenbisse, spaß an maßlosen schauern?

wenn du mein fell wühlst, spürst du weichheit, verwegen,
und noch ein stückchen näher, die spannkraft der glieder

vor dem nächsten sprung

cristo, frosch

viel zu lange schon sitze ich auf dem trockenen.
mein kühler körper ist voller risse, meine füße
haften kaum noch auf der erde,

in meiner aufgesprungenen haut sammeln sich krumen,
nicht die saftigen dicken, die sich leicht im wasser lösen

und dort lange schlieren ziehen, sondern diese sandig
brösligen, fast ins gewebe genarbten.

ich will meinen körper

mit einer geschwindigkeit zurück ins wasser werfen,
die eine reife frucht implodieren ließe, mich aber

verwandelt: meine rissigen flächen werden wieder
glänzend glatte membran, dazu gemacht,

an deinem körper zu haften.

shibu, seeadler

es ist nicht schwer, aus dem bodenlosen hinaufzugleiten
in lichtere räume.

dieser schwung im gefieder ist gewaltig
genug für uns beide.

wenn die erde uns drückt, verkralle ich mich in deinen körper,
als wärst du die herrlichste beute,

schlage mit meinen schwingen aus, bis die luft um uns rauscht
und trage uns vorbei an landspitzen, steilküsten, flussarmen zum meer.

hier, am rand der welt, singen meine poren.
an meinem körper zerren gewaltige kräfte,

doch ich lasse dich nicht, halte dich, bewege uns meile um meile weiter hinaus
durch die strömung der luft, durch das gleißende licht,

genieße das schlagen der flügelmuskeln, den festen griff meiner klauen.
ich will dein gewicht in jeder feder spüren, ich will fliegen,

bis mein körper ermattet auf deinem landet.

yila, schwalbe

alles in meinem körper dient dem vergnügen
am pfeilschnellen flug.

meine ungestümen schwingen lieben geschwindigkeit,
das sinnliche spiel mit den winden.

durch winzige turbulenzen stoße ich, in größere
falle ich vorwärts, stürze,

und immer bin ich getragen, weil mein gefieder schimmert,
weil die chemie der luft meinen flügeln dient.

ich wechsle die orte, schieße hinab und hinauf
durch reinste lüfte.

je schneller ich fliege, umso mehr rutscht
meine seele in meine gestalt.

mein leben, nichts als ein wildes spiel
mit jedem,

der mir zu folgen vermag, mit dir,
wenn du den sturm in den flügeln kennst.

uri, libelle

ich bin ein pilot der präzision, habe die geographie
der luft in meinen leib gemeißelt.

zickzackläufe, abrupte richtungswechsel.
mein doppeltes flügelpaar sirrt im wind.

unter seinem dunklen geäderten feld
ist die muskulatur heiß.

mein hinterleib streckt, windet sich,
mein körper misst die lage.

und plötzlich weiß ich die richtung,
schieße schnell wie ein schlag übers wasser,

versetze die luft in aufregung. alles um mich
bebt unter der hochspannung meines sehnens

und es nimmt zu, bis meine starken zangen
deinen leib packen, bis unsere seelen

im flug entflammen.

ayan, gecko

ich wünsche mir die dämmerung, ich wünsche mir eine nacht,
in der ich durch eine schmale ritze in dein zimmer schlüpfe.

weich tänzle ich die kante deines bettes empor,
lege mich behutsam neben dich.

im gedämpften licht des schlafs atmet dein körper schwerer.

ich will dich irdisch, ich will dich in all der satten wärme,
die jetzt aus deinen poren steigt.

meine feuchten lippen berühren zart dein ohr und gerade so
rau, dass du mich bemerkst.

halb noch im schlaf streckst du mir deinen
körper entgegen.

ich gleite auf dich,
bewege mich leicht auf dir.

milliarden feinster härchen halten mich
in diesem schwung über all die klippen und klüfte,
die meine finger nun tasten.

diese grandiose geographie deines körpers,
dieser kosmos aus oberflächen und abgründen.

wie sehr wir uns auch wenden miteinander,
dass ich hafte auf dir, die ganze nacht,
dafür bin ich gemacht.

rhia, schmetterling

am ersten tag der welt will ich dich als wunder berühren.

die richtige mischung aus wärme und kühle,
eine zarte feuchtigkeit, ein gemächlicher wind

und der leichte schimmer des lichts erscheint auf den dingen.

ich steige auf, schwirre, pendle im flug,
lasse mich durch den wind tragen, in der luft schweben.

mein beschuppter körper schickt düfte aus, um dich zu locken.

meine poren sind weit, geöffnet, übersetzen das hin und her
von aussenden und empfangen

in eine zarte textur des begehrens.

aus größter entfernung wissen meine sinnlich satten fühler
um das kleinste deiner moleküle.

noch bevor ich dich tasten kann, schmecke ich dich.

je näher ich deinem körper komme, umso rascher
wird der flug meiner flügel, umso durchsichtiger, glasklar.

jetzt befühle ich die winzigen aufgerichteten härchen

in deinem nacken, die halb verborgene form der flügel an deinem rücken,
ohne hast, hauche meinen atem auf deine haut, hier, hier,

hier, bis sie schimmert, und ich das flüssige licht

aufsauge von deinem ganzen
glänzenden körper.

costa, blauwal

diese liebe ist gigantisch, alt wie die tiefsee, eruptiv wie mein gesättigter atem,
diese senkrechte nebelfontäne, die ich ausstoße mit hohem druck nach langem tauchgang.

durch alle meere treibe ich ohne hast auf dich zu.

auf hundert meilen entfernung erreicht dich mein gesang, diese schwingung
einer sehnsucht, die mein körper durch den ozean schickt. ich bin beharrlich, geduldig,
schwimme mit langen, stromlinienförmigen stößen einer antwort entgegen.

wenn ich dich erblicke, jedesmal neu, schlägt der jubel meiner flosse eine kaskade aus gischt
in die luft, reißt sich meine gestalt aus den wogen und springt mit kolossalem schwung
zu dir. jetzt beginnt der mächtige tanz in den wellen. weite ringe kreisen auf der oberfläche

der welt, wenn unsere turbulenten körper sich finden, und verstummen, wenn wir in licht-
scheue tiefen tauchen. hier trage ich dich, wiege dich einmütig, bis der drang nach dem
nächsten gewaltigen sprung uns nach oben stößt und wir erneut die schwelle passieren

ins verschwommene licht, in den weiteren himmel.

toum, specht

ich will aus jedem baum heraus hämmern, was
mich hier in den wahnsinn treibt.

eine gewaltige welle jagt durch meinen körper, das rückrat hinauf,
und ich schmettere meinen schädel mit aller kraft gegen das härteste holz.

der größte widerstand ist in mir, ich weiß, doch genau jetzt
scheint er vor mir zu liegen, in dieser dicken wand zwischen
deinem und meinem sehnen. hart ist es,

doch meine gestalt ist dafür gemacht,
hindernisse zu durchstoßen, lücken in alles zu meißeln,
was zwischen mir und der erfüllung liegt.

ich klopfe meinem begehren den weg frei, ich sende die codes
meines körpers durch den gesamten wald, ich schreie
mit rauer kehle deinen und meinen namen heraus.

wenn alle blätter ringsumher zittern, steige ich
auf, verschwinde wie ein leuchtender blitz
zwischen den zweigen, im dichten geäst

und der wald verschluckt mich
genau dort, wo du auf mich wartest,
wo wir unauffindbar sind

imca, delfin

dies ist das schönste spiel: die wellen durchstoßen, wenn du auf mir reitest.

wenn du auf mir reitest, ist mein stromlinienförmiger körper stark, trägt uns hinauf und hinab durch hohe wogen, durch helle täler, reißt uns durch glitzernde gischt einem helleren himmel zu.

ich bin sehr feucht, eingetaucht in den größeren ozean, der in alle lücken deines körpers fließt, bis jede berührbare stelle schimmert.

wenn du ruhst, wird dieser glanz zu einer feinen kruste aus sonne und salz, die sich löst, sobald das spiel von neuem beginnt.

ich will diese bewegung wiederholen, tagelang, wochenlang, in zyklischen, unvorhersehbaren rhythmen, uns ungestüm durch wellen stoßen, unsere unersättliche haut beständig erneuern, das meer lieben auf leichte art.

fenco, maulwurf

ich wühle mich in dich als wärst du
die herrlichste erde

meinen kopf vergrabe ich
in deiner halsbeuge, deiner achselhöhle

schnuppere die schmale linie deines armes entlang
in deine zärtliche hand

meine nase weist mir den weg

ihre tastkörperchen wissen genau
wo deine haut weicher wird

ich durchpflüge all die offenen stellen deines körpers
auf der suche nach dem, was mich wirklich nährt

diesem warmen schimmer, der aus dir aufsteigen will

ich grabe mich durch die schichten deiner haut, ich grabe
tiefer, mit einer hand, die andere hält mich an deinem körper fest

jede meiner berührungen legt ein system unterirdischer gänge frei
in denen wärme zirkuliert

ich dringe tiefer, durch lagen von dunkelheit, den köstlichen geschmack
der erde auf meinen lippen, meine zunge tastet die üppigen, dezenten aromen

ich rolle mich in deinen duft, feiere ein irdisches fest
mit deiner haut, sie umgibt mich von allen seiten

mit ihrem dunklen, überbordenden glanz

harko, biber

in meinem unterirdischen bau sitze ich auf dem trockenen.

es müsste jemand durchs wasser tauchen, der wie ich
die dunkle insel liebt, die burgenzeit fern der äußeren welt.

in meinem versteck ist alles bereit.

zwischen den tauchgängen, zwischen den nagestunden in der außenwelt
verharre ich innen, lausche: ein fernes platschen, rasche schwimmzüge;

vorbei.

nachts, wenn auch die welt die luft anhält, verlasse ich den sicheren ort
im wissen der gefährdung.

ich fürchte nichts so, wie dich zu verpassen
an meinem bau, während ich dich suche,

andernorts.

ich fürchte nichts so, wie dich in den auen zu verfehlen,
während ich in meiner burg warte.

ich fürchte nichts

als den langsamen nagenden tod
durch ein leben am falschen ort.

gerin, wasserläufer

wir sind ein fest inmitten des sees, verwandeln glatte flächen
in ein gleiten, lassen uns auf langen beinen übers wasser wehen,

schwärmen, schweben in der meute, jagen, stellen, fassen
unseren fang und saugen ihn gemeinsam aus. heute aber

halte ich mich abseits, suche meinen eigenen weg durch das schilfgras
am ufer, umschiffe die seerosenblätter, den in ästen verfangenen tang,

bin allein auf der jagd. dies ist ein tag für eine beute, die ich nicht teilen mag.

schon habe ich dich erspäht, mein körper streckt sich, wird länger, meine beine
orten deine vibration und stoßen rasche ruderschläge aus, näher und näher,

meine feinen härchen richten sich auf, weisen das wasser ab, bereiten
mich vor auf den entscheidenden sprung. jetzt packe ich dich, jetzt

gleitet mein körper über deinen und hält dich fest. wir sind treibgut
auf dem offenen wasser, den wogen ausgeliefert, werden hin und her

geschwemmt, halten die balance mit unseren verschränkten körpern,
die jetzt nass sind, überall, die sich auf dem wasser verteilen.

ingala, grille

ein sommerabend, und mein turbulenter gesang zieht ungehindert in die welt.

das gras steht hoch und dicht, ich weiß, irgendwo da drinnen bewegst du dich
in zickzacklinien auf mich zu. ich halte inne, den kopf einwärts gerichtet, lausche
deiner nähe, doch nur kurz, denn ich gebe die richtung an mit meinem zirpen für dich.

komm. hier. finde mich. ich hebe beide vorderflügel, streiche sie rhythmisch
gegeneinander, reibe ihre adern auf meinem körper, schrillkanten auf schrillflächen,
erzeuge die intensiven silben in rascher folge, dieses zischen, zirpen, brummen, kratzen,

bis in all den lockenden lauten du bei mir bist. jetzt taste ich dich, mit meinen fühlern,
halte still, singe dir leisere töne vor, wende dir meinen rücken zu, seinen schimmer,
bereit, dich zu tragen. du steigst auf, du willst mich zahlreich, du markierst mich

mit deinem duft, um dich nicht zu wiederholen. doch für diesen moment habe ich dich
ganz, biege meinen unterleib nach oben mit der wilden akrobatik meines begehrens,
gebe alles, bis mein körper in ruckartigen stößen wächst, bis meine antennen zittern.

shiro, spinne

je artenreicher die ordnung, desto vielfältiger ist das sehnen: ich kenne schwestern,
die sich an langen seidenen fäden herabhängen lassen, dem ruf des begehrens nach,

sich fesseln, an eine unterlage ketten lassen, deren größtes vergnügen es ist,
sich auszuliefern, ihren körper preiszugeben an den, der unter sie kriecht.

ich weiß von brüdern, die zarte, mit sperma benetzte fäden an fremdes gewebe ketten,
auf die lockung ihres eigenen duftes setzen; von solchen, die signale durchs netz ihrer

liebsten morsen, dem klopfen und zupfen eine flut von molekülen beimischen, und
von anderen, die sich fest im untergrund verankern, ihren körper in vibration versetzen,

um nicht als beute, um als richtige art der beute zu gelten. wenn ich dich rieche, vergesse ich
dieses gespinst anderer geschichten und werde mein eigenes begehren. mein unterleib

beginnt zu vibrieren, kreist nach einem festen muster, das aus den tiefen meines körpers
stammt. meine beine ziehen mich zu dir, trommeln wild, halten inne, du antwortest

mit einem festen klopfen, läufst auf mich zu. ich kreise weiter, vibriere, trommle, bis wir uns
fast berühren. du tänzelst zu mir, lädst mich ein, du bist bereit. ich krieche von vorne

auf deinen körper, bin überall, taste dich mit meinen feinen haaren, mit meinem mund,
er reißt mich zu deinem schoß, du richtest dich aus und ich führe meine zarte verwandelte

zunge in dich ein.

ganga, gottesanbeterin

ich suche die ältere, lebendige welt, die ein begehren vom anderen
zu unterscheiden weiß, die die vielfältigen arten von vereinigung kennt.

ein vermögen, so einfach wie gras: wenn ich hungrig bin, esse ich, nehme dich
sehr stofflich auf, damit aus dir neues leben wird. eine gewisse distanz ist hilfreich;

besser, dich nicht zu kennen. wenn ich völlig gesättigt bin, richtet sich mein körper
zwischen himmel und erde auf. in meiner wärmeinsel warte ich, fast reglos, gut getarnt.

das weibliche dreieck meines kopfes zeigt nach unten; meine enganliegenden fangbeine
erheben sich zum gebet: ich rufe die geistigen kräfte meiner gegenwart an,

mir die köstlichste beute zuzuführen, die ich aufnehmen, nicht einverleiben will, abstoßen,
nicht ausscheiden. jetzt bewegt sich mein kopf auf die weiteste weise, überblickt alle arten

der annäherung. gibst du richtige signale, weiß ich, dass auch du im dienst der verwandlung
vielfacher kräfte stehst. du näherst dich, führst mir die choreographie eines begehrens vor,

das meines trifft. ich erkenne dich, ich warte auf dich, ich lasse dir zeit, dich mir zu zeigen,
verharre wachsam, während du näher und näher tanzt, achte aufmerksam auf jedes

deiner zeichen, finde mich gemeint, bis für einen moment unklar wird, wo du bist, und ich
den gewaltigen satz spüre, mit dem du auf mich springst. jetzt gibt es nur noch eine

richtung eines begehrens, und mein körper öffnet sich für kräfte, die ich nicht länger
unterscheiden will.

uki, biene

die pheromone summen durch den stock. bald ist die zeit für den freien flug,
bald werde ich aufsteigen in die luft, die blüten suchen, mich finden lassen.

im sonnenaufgang leuchtet das ausflugloch hell.

ich tanze den bienentanz, seine läufe und kreise, löse mich aus der schar der schwestern,
meine flügel summen über der schimmernden haut, durch lichtstrahlen finde ich den
weg.

ich liebe den taumel hinaus, das rauschen der luft.

mein körper zittert vor lust am schwung, vibriert unter flügel und fell,
schickt meinen duft aus. jetzt beginnt die lockung, jetzt beginnt die wilde jagd.

ich lasse mich finden im flug,

wenn du im richtigen winkel dich näherst, von hinten mich
überfällst; ich lasse mich sinken auf blüten und steige verhakt

mit dir hoch in die luft,

wieder und wieder, falle und steige, ich lasse mich von deinen beinen
umklammern, stundenlang; und wenn sie zeigen, wie fest du bist,

lass ich dich ein.

am abend bin ich voller düfte, die nicht meine sind; am abend
bin ich vielfach eingewoben in welten, die ich in mir will,

weil sie mich wollten,

weil sie mich wollen, wieder und wieder,
ein ganzes leben

für einen tag.

luma, wölfin

wie gerne wüsste ich: ich erschaffe die welt, täglich neu, mit meinem körper, in seinen
zeichen, und halte sie dir hin, damit du sie verwandelst, damit ich verwandelt werde von uns.

in meinen pfoten steigt die sehnsucht auf, und so folge ich den flussläufen,
den schotterbänken, schmalen pfaden durch das dickicht, bergrücken hinauf und hinab.

ich will meine verschlungene suche in etwas gradliniges wandeln, das ohne umwege
auf dich zuläuft, in dieser entschiedenen weise, die meiner art entspricht.

doch deine fährte bleibt verschwunden. ich warte auf sie, während ich gehe, still
und systematisch ein revier markiere, meine pheromone an büsche, felsen, stämme spritze.

etwas in mir wittert: so wirst du mich finden. und dann werde ich, wieder und wieder,
mit dir eines sinnes sein, wieder und wieder mit dir all unsere sinne feiern.

die lange art, in der ich dich liebe: dass ich so wild sein kann mit dir, dass du
mich willst, leckst, stößt, bis ich anschwelle, bis ich dich fest halte in mir.

kero, koralle

von meinem festen sitz im meer aus betrachte ich
das spiel der gezeiten im spiegel winziger teilchen.

seit millionen von jahren strömt das wissen der meere
in mich ein und aus.

das verzweigte skelett meines körpers träumt
von seinem aufbruch in den ozean.

mein gewebe wächst langsam, doch nach sonnenuntergang,
wenn der mond zur richtigen größe aufsteigt,

lasse ich mein gespeichertes sehnen los.

ich atme ins wasser aus, massen kleinster korallenkörper
umspielen mich, treiben im mondlicht davon, schwimmen

auf mich zu, ich atme sie ein, lasse sie mit dem wasser
in mich strömen, durchlebe diese verschmelzung,

wie teil auf teil von mir selber trifft, wie das meer in mir
sich wandelt.

arafo, luchs

links und rechts des weges beginnt das abenteuer der verschlungenen pfade.

durch gebüsche und morastige zonen, über felshänge, lichtungen, altholzinseln
folge ich deiner spur, dem strahlstrom deines duftes auf nasenhöhe,

auf wurzelstöcken, auf steinen, dichter und dichter, in die kernzone deines reviers.
mein prächtiger backenbart spreizt sich vor freude, mit meinen haarpinseln fange ich

die leisesten deiner laute ein. meine mandelförmigen augen blinzeln von ferne ins licht,
das aus deinem körper steigt. nacht für nacht gehe ich in deiner nähe ein und aus,

sende mein grollen, jaulen, japsen in die tiefen winkel deines waldes. langsam,
mählich lässt du mich zu. bei dir einzutreten bedeutet deinen raum zu wahren,

bis du in einer nacht, plötzlich, an mich herantrittst, mir deinen weichen rücken zeigst,
ich zitternd, zärtlich auf dich springe, mich in deinem nacken verbeiße,

meinen körper mit deinem vernähe, für einen moment, und dann wieder,
und dann wieder.

siwero, pillendreher

wie die sonne jeden morgen aus der erde sich formt, steige ich
aus den schlammigen tiefen empor.

nenn mich den, der von selbst entstand, nenn mich den nicht gezeugten, nenn mich
den schöpfer seiner selbst. nenn mich den, der aufersteht, wieder und wieder geboren wird.

nenn mich die morgensonne, den sonnenaufgang, nenn mich den, der das leben
als sonnenbarke über den himmel rollt.

all die mythen des kosmos schimmern auf meinen goldglänzenden flügeldecken, und ich
trage unermüdlich meinen runden körper aus chitin über die erde,

taste mit meinen flachen, gezackten fühlern nach dem richtigen grund, forme aus ihm
eine irdische kugel, rolle sie rückwärts laufend mit meinen hinterbeinen vor mir her

und grabe sie in den boden ein. die mystik der distanz glaubt an ein reines werden.
die mystik meines körpers weiß

von deinem schimmernden panzer
und was geschieht, wenn er meinem nahe kommt, wenn mit uns

die sonne taumelt
in ihrer umlaufbahn.

shori, wildschwein

nah der stelle im wald, wo wir uns wälzten,
wachsen jetzt junge eichen.

wenn es dämmert, kehren wir hierher zurück:
eine kaum merklich abfallende lichtung voller kuhlen,

kleine einbuchtungen, in denen sich unsere körper aneinander
an die erde schmiegen.

nasse gerüche des bodens haften an dir. ich streife mit meiner nase
über die lehmigen stellen deiner haut, reibe mein gesicht an deinem hals,

kratze mein kinn an den rauen flächen deines körpers, der widerborstig
ausweicht, widerborstig gegen mich drängt.

wie ich das messen unserer kräfte liebe, dich wegdrücke, zu boden stoße,
auf dir lande, von dir abgeschüttelt, von dir umgeworfen werde.

wie wir ringen, uns wälzen, uns suhlen, im tiefsten schlammloch,
diesem irdischen paradies, das unsere körper in dieser nacht erschaffen.

uma, hecht

seit einer langen weile schon wartet ihr auf meinen körper.

an den schilfrändern, in ufernähe, steht ihr ruhig im wasser,
monat für monat in größerer zahl.

eure grünbraunen schuppen schimmern über den weißen
bäuchen, die ihre leuchtsignale in meine richtung schicken.

noch ist eure versammlung friedlich, aber bald, ich weiß,

beginnen die rammstöße, die harten bisse, die attacken,
mit denen ihr euch aus meiner nähe treibt.

diese jahrtausendenalte kämpfe, auf stets gleiche weise vollzogen.

ich weiß, nur einem von euch
soll ich meinen körper freigeben.

doch die wasserstürme jagen durch die dünne haut
dicht unter meinen schuppen

und mit einer blitzartigen bewegung

leite ich das wendemanöver ein, mitten hinein
in euren schwarm.

tuga, fledermaus

ich drehe und wende meine trichterförmigen ohren. sie sammeln die echos
des waldes, sie filtern, welchem ruf ich genau jetzt folgen will.

ich spanne meine elastische flughaut, trage knochen und fell
durch die raue luft, tiefe töne umspülen mich von allen seiten,

ich schwimme auf den langen wellen, bis ein hochfrequentiger puls
mich erreicht. ich folge ihm zu einer höhle im baum.

dein heller bauch leuchtet im dunkeln. deine flughaut
duftet. dein gesicht streckt sich meinem entgegen.

ich recke meine zunge und belecke deine nase, bis deine sinneshaare zittern, belecke
die rillen und furchen deiner ohren, dein ganzes gesicht, jede falte, jedes stückchen haut.

ich bin eingetaucht in deinen duft, meine haut beginnt zu schimmern, reibt sich an deiner.
und jetzt, erst sanft, dann immer fester, beißt du in meinen nacken, hältst mich umklammert,

bis mein ganzer körper unter deinen flügeln bebt, bis die verbindung
aus hitze, feuchtigkeit, fleisch und druck

mich hinausschleudert, dem nächsten echo entgegen.

kilio, eisvogel

ich will mein schillerndes gefieder über dem wasserspiegel
blitzen lassen, bis du mich bemerkst,

ich will meine lauten rufe durchs schilfgras, durch die weidenäste treiben,
bis sie dich treffen,

ich will, dass dein körper zittert vor spannung und du mich verfolgst, in wilder jagd,
durch den ganzen wald, ich dich jage, über baumkronen und

zurück zum ufer. auf einem ast lässt du dich nieder, schwebst über dem wasser, wartest
auf beute, die ich dir reiche, mit einer kleinen verbeugung,

du stößt einen laut aus, zitterst mit deinen flügeln, nimmst sie entgegen, lässt mich
zu dir. für einen moment ruhen wir auf dem ast,

dann lege ich mein glänzendes gefieder dicht an den körper, richte mich auf, senke
meine flügel vor dir.

du singst. du bist bereit. du schmiegst dich an den ast.

ich lasse meine flügel sirren und lande auf deinem rücken, greife mit meinem festen
schnabel in deine nackenfedern, halte flügelschlagend das gleichgewicht,

jetzt, jetzt, jetzt

und stürze mit dir in die flut.

gemiu, kranich

in der frühen morgendämmerung, wenn die sonnenstrahlen schräg über dem see stehen,
erwacht mein sinn für die alchemie der körper.

ich schüttle mein gefieder frei, strecke meinen bogenförmigen hals und schreite
mit langen beinen auf dich zu.

nach all den jahren liebe ich noch immer diesen moment, wenn mein ruf ertönt
und du antwortest,

wenn wir gemeinsam köpfe und schnäbel aufwärts richten, den hals nach hinten neigen,
unsere schwingen heben.

wir stehen eng beieinander, spüren den druck unserer körper durch das gefieder,
bewegen uns gemächlich nebeneinander her.

plötzlich breiten wir unsere flügel aus und beginnen den wilden tanz, laufen
in bogenförmigen linien voneinander weg,

aufeinander zu, mit schnellen schritten, knicken die beine ein, springen empor, schleudern
blätter, gräser, blüten in die luft.

wir gurren, trompeten, lassen tonreihe um tonreihe aus der kehle aufsteigen. jetzt
richtest du deinen oberkörper auf, winkelst deine flügel ab,

zeigst mir deine zeichnung. meine rote kopfplatte schwillt an, mein schnabel beginnt
zu zittern, ich warte auf die gurrenden laute, mit denen du sagst: spring,

mein rücken fängt dich auf.

tainu, elster

jeden morgen vor sonnenaufgang erinnerst du mich an unser erbe: wie wir
seit uralter zeit eine brücke über die milchstraße spannen.

wenn die sonne im richtigen winkel steht, beginnen die schwarz–weißen gegensätze
auf unserem gefieder zu irisieren, bläulich, gelblich, purpurnes schillern,

schlieren von kupfer, bronze und messing steigen von unseren körpern auf, verwirbeln sich,
bilden ein leuchtendes band. am siebten tag im siebten mondmonat, so heißt es,

ragt es weit über den himmel in die sphäre der sterne hinein. alle liebenden finden zueinander,
wenn sie über diese brücke gehen. wir finden einander, wenn wir dem schimmer folgen.

du sprichst mit weicher stimme, in zarten trillern, in plätschernden, gurrenden,
langgedehnten lauten, die sanft in meine federn fallen. deine augen leuchten dunkel,

wenn du vom himmel erzählst, den wir wieder und wieder erzeugen, der in unseren
körpern pocht. ich strecke meine flügel zu dir aus, spüre das beben, die geschwindigkeit,

mit der das licht der sterne durch uns rauscht. ich reiße meinen mund auf, ein hoher schrei
stürzt heraus, meine zellen zittern, stärker und stärker, ich richte mich auf, ich presse mich

an die erde, ich lasse zu, dass der himmel in mir irdisch ist.

sora, nacktmull

unter ihrer oberfläche leuchtet die erde dunkel. ein langer gerader gang reicht
von einem ende der welt zum anderen. kleine verzweigungen führen zu kammern

voll verdickter luft: wüste flüche, zärtlichste träume, heller zorn.
ein vibrierendes gitter zieht sein netz durch die ganze höhlung.

hier herrsche ich. ich bin das gitter, ich bin der körper, der die anderen bezwingt.
meine botenstoffe sprechen eine eindeutige sprache, die gebärden meiner zähne

sind leicht zu entziffern. wenn ich durch die gänge gleite
wie ein nacktes feuer, rasend, erschauert mein ganzes volk.

ich bin das lebendige fleisch, das innere organ einer lust, die alles
um ihrer selbst willen will. meine kammer aus rötlichem schwarz

kennt keinen ausweg. ich entscheide, wessen körper sich in meiner nähe
an die erde pressen. vergebliche mühe, dich mit deinen beinen gegen die wände

der höhlung zu stemmen, wenn ich es nicht will. und wenn ich es will, und du
aus dem licht trittst, reißt unsere nackte, aufgeworfene haut die erde

tief innen auf.

jotri, wanderfalke

zeit ist ein gewaltiger schlauch, der mich einsaugt in ferne räume: eine steilküste
am anderen ende der welt ist meine heimat einen frühling und sommer lang.

hier kreise ich über felsen und gischt, sand und dünengras, hier sehe ich dich
zum ersten mal. kupfernacken, silberhaupt. du bist unter den ältesten der küste,

ein sturmerprobter, weitgereister körper. ich beobachte dich, wie du durch die luft
rauschst, wie du unbeweglich auf deiner warte sitzt, versunken in den winkeln

deines geistes, wie jede sehne bereit ist, die welt zu bewohnen auf deine art.
bei einem meiner steilflüge falle ich dir auf. wie unter dem druck der winde

die silhouette meines körpers scharf hervortritt, sich gegen den himmel abzeichnet.
hier in der freien luft beginnt unser spiel. in spektakulärer geschwindigkeit nähern

wir uns einander, jagen unsere pfeilschnellen körper zwischen den oberflächen der welt
hin und her, durch atmosphärische falten, durch die tiefen schichten der luft.

sturzflüge aus großen höhen, steilstöße von oben, flachstöße von sicherer warte aus.
für einen frühling, für einen langen sommer vernähen unsere wilden, eigensinnigen körper

himmel und erde auf eigene weise, stürzen und steigen in herrlichen, schrecklichen,
vollkommenen winden. dieses gefühl, unsterblich zu sein.

und nun trittst du aus dem licht.

klarheit ist ein gewaltiger sturm. er reißt dich aus meinem körper. etwas geht durch mich
hindurch, was ich nicht halten kann, und die erde ist eine andere.

milo, neuguineahund

in dem moment, da ich die wildnisnahen urwaldränder betrete, beginnt das heulen:
hochfrequent, impulsartig, ein signal, das dich zugleich herbeirufen und fernhalten will.

ich bin scheu, ich bewege mich stets allein durch das dickicht, meine rückzugsgebiete
sind ausgedehnt, ich halte mangel aus. ich bin der körper, der seinen eigenen weg findet.

meine glieder sind elastisch, anpassungsbereit, geschickt, doch intime verbindungen
gehen sie nur mit bäumen ein. auf ihnen ruhe, wache, schlafe, lauere ich; auf ihnen

werde ich sterben. weil ich den menschen feuer und sprache brachte, überhäufen sie mich
mit namen: waia, kurr, ona, sta, katatope, alg koglma, yanik-ararop. ich hinterlasse meine

markierung, ich hinterlasse meine spur, ich gehe ein und aus bei ihnen, und nichts kann
mich halten. meine eigensinnige seele wehrt sich gegen zurechtweisungen, gegen jede

einschränkung meines körpers. ich ordne mich niemandem unter, gehe jedem aus dem weg,
der mich begrenzen will, durchstreife die welt auf meine weise. doch etwas in mir erinnert

sich an mandelförmige augen aus dunklem bernstein, an ein geräusch, das die reibung
einer wange auf meiner haut erzeugt, an die sanften, die heftigen bisse, mit denen du

meinen körper wilderst. und jetzt beginnt das heulen, die untersetzten triller
auf der urwaldgrenze, mit denen ich dich fernhalten, mit denen ich dich herbeirufen will.

adeya, flughörnchen

unter mir federt die ganze welt, die luft summt wie ein dichter
satter atem in meinen flughäuten, trägt mich durch rasche wechsel,

durch weite sprünge. im reich der wipfel ist mein begehren leicht,
schneller als ich, fliegt mir voraus in weichen, geschwungenen bögen.

tag um tag folge ich dem luftigen paar meiner häute durch die verschränkten
zweige, in die zwischenräume des geästs, von gabelung zu gabelung

an den ort, der einen nächsten sprung erlaubt. ich lebe wieder und wieder
für diesen moment: wenn mein flug einen anderen reizt,

der von meiner art ist, der wie ich die haut zu spannen weiß,
bis sie mehr als eine welt umfasst.

suki, chamäleon

an jedem ort bin ich anders. der stein und ich, das blatt und ich, der ast und ich:
wir sind vertraut miteinander, machen uns die welt zum geschenk.

ich bin der bewegliche pol für das, was nicht wandern kann. in mir atmet der untergrund
still. ich trage ihn auf meiner haut weiter. alle dinge der welt sind mein schutz, weil ich sie

in mir verlängere. ich bin die im wind sich bewegenden äste, das morsche holz
auf dunklem laub, die scharf konturierten blätter am morgen. an jedem ort,

zu jeder zeit bin ich anders. das einfallende licht irisiert auf meiner haut,
damit sie den formen der welt antwortet. da! durch die oberflächlichen ähnlichkeiten

geht ein riss. du tauchst aus dem grund auf, ich erkenne dich an der färbung
deiner augen, und ich weiß, dass nun ein neues muster beginnt.

wellen aus uraltem licht laufen über meine schuppen, die farben strahlen auf,
meine rückensegel sind bereit: ich werde aufbrechen, und mehr als ein ort

wird in unseren körpern leuchten.

oro, walross

mein körper ist eine geschichte, das versammelte wissen der moleküle,
die zwischen den elementen wandern.

wie jedes meiner teilchen den atmosphärischen druck spürt, den wandel der dichte,
sich ausdehnt und zusammenzieht beim wechsel vom wasser zum land.

wer um veränderungen weiß, weiß um sich;
wer übergänge erinnert, beginnt zu erzählen.

all das erlebte schreibt sich in meinen körper ein,
doch meine haut wird dünner und dünner mit all den jahren.

was bedeutet, dass weniger raum
mehr und mehr erfahrungen trägt.

die schwere der erde zum beispiel
und das schwerelose der meere.

die atome meiner moleküle kreisen unverändert
unter der aufgehenden sonne, dem glühenden himmel,
im dunkel der tiefe, auf glitzerndem eis.

doch mein körper ist nicht eins.

scharfe kanten schneiden das vergangene vom zukünftigen ab,
und schicht um schicht bestreitet mein körper sein verschwinden.

nur in der gegenwart bin ich ausgedehnt auf richtige weise,
die dem land und dem meer zu entsprechen vermag.

nur in diesem moment weiß ich von der einzigen art,
dir zu begegnen: eigensinnige körper voller innenräume,
die den wechsel der welten nicht fürchten.

pela, anglerfisch

weit, weit in der tiefe verliert sich das blau.
es ist still hier.

dann und wann scheint in der ferne ein altes licht auf,
trifft einen langsamen körper.

ich gleite beständig durchs vertraute dunkel,
eine kleine laterne im meer.

in meinem gewebe sammelt sich leuchten,
das von anderswo stammt.

es wandert durch mich und weiter.
kaum jemand dringt so tief wie ich.

vorbeiziehende schemen umkreisen mich,
verschwinden, lösen ihre schatten in größeren schatten auf.

das dunkel wäscht die welt der einzelnen körper.
nur was notwendig ist, begegnet sich.

dem fortbestand meiner art dient es,
wenn du dich in mich verbeißt, bis ich deinen mund ausfülle

und wir ein gemeinsamer schlund sind,
zwei körper einer haut, unter ein einziges licht gestellt.

nur was notwendig ist, begegnet sich.

und ich, die ich aus meiner art falle, lasse mich nicht finden,
treibe allein durch die tiefen ströme

in einem licht von anderswo.

aki, bärtierchen

das wasser ist still hier, weil die ströme weit außen
so heftig sind.

ihr kreisen erschafft einen punkt, an dem wenig bewegung herrscht,
einen punkt, an dem sich treibende körper versammeln.

in langsamen schritten bewege ich mich durch diese welt.
was für andere ebenen sind, sind höhen und tiefen für mich.

ich steige auf und ab in verzweigten wäldern,
durchs wilde geflecht einer insel aus algen mitten im meer.

mein körper ist vereinigt mit mir. wenn ich ruhe,
wandert leben durch mich.

zellen, die zellen berühren, in einem gewebe, das ich bin,
inmitten eines gewebes, das meine welt ist.

es ist still hier.

ein seltener wind erscheint, trägt mich aus wogendem grund
ins offene meer. ich treibe, ich sinke, tiefer und tiefer.

der druck wird größer, doch ich vergehe nicht, ziehe nur
meinen körper zusammen, bis ich mich selbst nicht mehr sehe.

stoffe, die bis jetzt ihre plätze wechselten in mir, halten still.
ich sinke. alles ist still, auch das warten.

wenn ich nicht wiederkehre: bedeutet das,
dass ich gestorben bin, während ich tot war?

juun, symbion

alles ist eins. philosophie des begehrens wird reiner körper in mir: körper,
der körper ist, körper, der körper erzeugt aus sich. wer alles ist, braucht kein zweites.

wer alles ist, trägt das andere schon immer in sich. will ich den unterschied,
stülpe ich mein sehnen in mich ein. in den tiefen einfaltungen berühren sich

teile meiner selbst. aus ihrer reibung entstehe ich anders. ich treibe aus,
schwimme aus mir, finde einen ort, an dem ich mich fortsetzen kann.

ich erschaffe ein gegenüber, das zu mir passt, das wie ich die welt will, im gleichen
langsamen rhythmus sich zuwendet, abwendet, ausdehnt, zusammenzieht.

kein rätsel wird je ganz gelöst. ich bin du, und du wächst weiter in dir.
das mysterium vervielfältigt sich. zwei winzige knospen treiben aus in deinem körper,

weil es meinen gibt, der wie deiner ist. bald gehen sie auf in dir,
und während dein körper vergeht, wanderst du weiter durch sie.

shik, guppy

das ist nicht paradies: ich bin umschwärmt von jenen,
die ich wollen soll, weil meine schwestern sie wählten.

die vielfach abgelehnten werden unsichtbar, verschwinden
aus der welt des möglichen. wohin? noch wage ich nicht,

ihnen zu folgen. es gibt ein gesetz, das meinen körper meint.
ich gehöre diesem gesetz. ihr achtet auf seine einhaltung.

wenn eine iris sich verdunkelt, heißt es achtsam sein. das beißen
beginnt allmählich, doch die attacken führen bis zum tod.

die mit euch nicht verwandt sind, bedrängt ihr, bis die angst
in ihren körpern verschmelzung nicht mehr möglich macht.

ich träume von einem körper, der nicht befestigt ist,
nicht eingerollt von regeln, der sich aus eigener kraft

auf langen bahnen durch die welt bewegt und
tastend muster zeugt, erhaben, flüchtig, zärtlich.

    arja, würfelqualle

in meinem körper tummeln sich anfänge und enden.
wandernde zellen wechseln die plätze in mir, außer mir.

ich wachse in ringen, hafte und löse mich,
kapsle mich ein, stülpe mich aus.

kleine kugelige knospen werden stapel winziger larven, schwimmen sich frei,
tummeln sich in den strömungen, zerstreuen sich, haften an neuem grund.

gerade noch war ich genau wie jetzt, und plötzlich bin ich anders.
mein körper teilt sich auf neue weise, offenbart ein weiteres muster.

ich bezeuge das ende des alten. und nun bin ich in der lage, dir zu begegnen,
meinen sinneskörper im kreis zu drehen, bis unsere arme sich fassen

und wir auf vielfach verschränkte weise
alte rhythmen ehren und neue beginnen.

lora, geburtshelferkröte

zeit ist zähflüssig, dann wieder flüchtig. wenn das gemisch der welt
um mich unermüdlich dieselben winzigen lockungen murmelt,

werde ich endlich einverstanden: meine gedanken sind winzige
kugeln aus licht. nicht länger streng, exakt, berechenbar, teilbar

ist mein wissen, sondern in sich unendlich, teil der ströme,
gespeichert in graden von wärme und kühle, im strudel der flüsse,

im aufstieg der luft. mein herz hämmert ein leises signal,
und es beginnt: etwas windet sich inmitten des gewimmels

aus armen und beinen, und sie werden es hüten und weitertragen,
bis an einem anderen ort das alte wissen neu lebendig wird.

shum, kieselalge

vielleicht ist dies der natürliche lauf bei mir: mich zu spalten,
zu spalten und immer kleiner zu werden.

ich bin eine verschwindende form, ich bin eine vielzahl
verschwindender formen.

das von mir abgetrennte löst sich auf gleiche weise
weiter und weiter auf.

ich taste eine dünne grenze entlang:
hier bin ich noch. dort ist die unendlichkeit.

ich komme ihr näher und näher.
ihr sog ist gewaltig, wird stärker und stärker.

jetzt kann ich nichts mehr teilen. jetzt
vergehe ich. jetzt hält mich etwas zurück.

im letzten moment der auflösung
bewahrt mich meine kleinste form vor dem verschwinden.

ich halte inne. mein körper ist endlich unteilbar.

erst jetzt bin ich winzig genug, um anderes zu spüren,
das von gleicher größe, einzig ist.

dein körper, dein kosmos.

und während du ganz du bist, ich ganz ich,
spannt sich wie von selbst eine brücke

zwischen unseren körpern, bildet sich
ein strömender kanal, und aus dem, was eben noch

unteilbar schien, wandert etwas leicht
und selbstverständlich hinein, aufeinander zu.

ror, nebelkrähe

in den frühen abendstunden verschwinden die konturen
der dinge langsam, bedächtig im grau.

die weiche seite der dunkelheit erscheint.
nun durchdringen tiefere gründe die unterschiede.

nicht alles ist eins, und doch ist jeder kleinste
punkt der welt von gleicher unendlicher dichte.

das komprimierte licht hält inne und ich gleite mit kräftigen,
gleichmäßigen schlägen auf dem zusammensein der dinge dahin.

der graue raum ist gefüllt wie der lichte, doch nimmt er die dinge
anders ein, hält ihr geheimnis weicher, zärtlicher aus.

der tag weiß, was sich verbinden, zerbrechen, entreißen und glücken wird.
die nacht würdigt, was einander umspielt, ohne den ausgang zu kennen,

und genau hier, im weichen dunkel, steigt
mein körper in weitere himmel auf.

      shinga, reiterkrabbe

dieser seitliche gang hört heute auf.

weil ich ein fall für metamorphose bin, wünsche ich mir
die tiefe umstellung meiner glieder, ein laufen, das leicht fällt.

ja, meine trippelschritte tragen mich rasch durch die welt,
aber nicht auf gerade weise dahin, wo ich sein will.

verschobene achsen aus bewegung und blick eignen sich nur
für ein schräges ziel. mein zukunftsrecht ist der gerade lauf,

ohne umwege auf dich zu. ich habe lange genug meine wege gebogen.

shun, knallkrebs

das leben verschiebt sich über die jahre, langsam, bedächtig.
in großen bögen taucht es uns ein, wirft uns hinaus.

wir winken uns zu, wenn wir glück haben, mehrmals,
gleiten vorbei aneinander, halten inne, ziehen weiter.

ja, es gibt große wechsel, doch zumeist auf ausgedehnte weise.

es muss vor millionen von jahren gewesen sein, genau erinnern wir uns nicht,
als dieser erste lichtblitz im wasser entstand.

ein rascher strahl, eine glitzernde blase, sie implodiert mit lautem knall.
machten wir das, wirklich, diese sturmwelle, oder riss sie uns mit?

in das bedächtige gleiten und ruhen im schwammgrund schiebt sich
seitdem das andere ein, das uns aufmerken, miteinander sprechen lässt.

shar, winterkrabbe

beständig entstehen und vergehen welten. nimm diesen wintermorgen. die sonnenscheibe steht hinter dem nebel wie milchiges glas, wie das echo des monds.

dies ist die zeit im jahr. das licht des winters hat sich mir zugewandt. es hat mich verwandelt.

kleine fliegende wirbel auf dem sämigen wasser. darunter, brackig, schlick, dichte tümpel.

wenn der fluss in der erde liegt, stelle ich mir das ende vor. nicht meines, nicht das dieses tages, sondern die schwere aller enden zugleich in diesem einen moment.

in jedem abschied spüre ich die endlichkeit aller dinge. wenn eine welt endet, endet alles.

ich bewege mich durch das unaufhörliche ende. ich bewege mich. das unaufhörliche ende bewegt sich.

ich muss mir alles vorstellen. ja, ich mochte die erde

schon immer, ihre bereitschaft, den abschied auszuhalten, ihr stetes anheben, das kleine grün im geschmolzenen dreck.

der morgenwind kommt noch immer
direkt von den sternen. alles setzt sich fort, auf andere weise.

es ist nicht genug.

makuni, seehase

ich bin ein blühender winkel des meeres, tauche meine haut
in dichte muster, steine, sterne, auf sandigem grund,

ich lege mich bloß, ich hülle mich ein in wolken aus purpur, flachsrot, karmin,
ich gleite, steige in den strömen, das wasser fließt leise um mich.

ich bin der wechsel der welten, der nackte verwobene körper,
bin mein eigener akt, mit schweigen bedeckt, mit tiefe, mit licht.

der silbrigweiße druck des ozeans bewegt sich auf mir, und ich beginne
den winzigen austausch, der keinen abstand braucht,

weil ich beide seiten einer unterscheidung bin, empfange, gebe,
aufnehme, abstoße. auch, was sich gleicht, kann ineinander schmelzen,

heftig, still, auf leichte art. dein körper, mein körper
tauschen die rollen, unabwendbar, wieder und wieder,

bis sie alles von der liebe wissen, nacktheit, hülle, textur
und nichts.

NACHWORT

Miriam Tags poetische Terraphilie.
Willkommen auf diesem erotischen Planeten

liebestier ist Teil einer literarischen und kulturellen Umwälzung dessen, wie wir über und mit Tieren, Pflanzen, Insekten, Pilzen und überhaupt dem ganzen Reich des Mehr-als-Menschlichen denken, fühlen, schreiben und lesen. Ob wir diese Umwälzung Posthumanismus, New Nature Writing, ökologisches Denken oder bei einem ihrer vielen anderen Namen nennen — ihre Bewegung ist die eines grundlegenden Widerspruchs gegenüber der Idee, dass Menschen fundamental von anderen Lebewesen unterschieden wären und daher einsam, aber moralisch höherwertig an dessen zugiger Spitze stünden. Ein Widerspruch, der einhergeht mit der Bejahung unseres Eingewoben- und Angewiesenseins auf weit verzweigte Gemeinschaften des Lebens und unsere nahe Verwandt- und Bekanntschaft mit allen anderen irdischen Seinsformen. So naheliegend oder gar selbstverständlich uns das heute erscheint, ist Erneuerung einer Kultur, in die sich ein Irrtum über Jahrhunderte tief eingeschrieben hat, doch eine Arbeit, die Geduld, Sorgfalt, Fürsorge und Erfindungsreichtum erfordert.

Inmitten dieser Umwälzung, inmitten dieses prekären Moments in der Geschichte unseres Planeten und unserer Kultur, dieser Gedichtband. Hier treten uns Tiere nicht als Projektionsfläche, symbolisches Anschauungsmaterial, moralische Fabeln oder szenisches Dekor einer um den Menschen zentrierten Welt entgegen. Ob Prien der Fuchs, San das Eichhörnchen, Fenco der Maulwurf, Kirumi die Krake, Costa der Blauwal oder all die anderen, jedes von ihnen blickt uns als Individuum an, entführt uns für einen leuchtenden Moment, einige Verse lang in die ihm eigene Welt des Werdens, des Wahrnehmens und Begehrens. Die Liebestiere sind manchmal nah im Kontakt mit wissenschaftlichem Wissen über die einzigartigen Körper und Lebensweisen der Tiere, manchmal streifen sie auf gänzlich eigensinnigen Pfaden mit diesen Körpern umher. In einer Art lyrisch-experimentellem Animismus sprechen die Gedichte eine Einladung aus: All die Resonanzen, Wechselbeziehungen, Verwandtschaften und magischen Seinsweisen zu erkunden, die wir überall um uns herum und in uns wahrzunehmen beginnen, wenn wir Imagination, Körperlichkeit und Empathie als Mittel einer realistischen Erfahrung der Geheimnisse des Lebens auf der Erde zulassen.

Sie können *liebestier* durchaus als eine Einladung lesen, ihr Verhältnis zur mehr-als-menschlichen Welt grundlegend verändern und verzaubern zu lassen. Aus einer anthropozentrischen Weltsicht herauszustreunen, heißt oft schlicht, viele der Fähigkeiten und Eigenschaften, die wir der Gewohnheit nach Menschen und ihren Beziehungen zuschreiben, und Haltungen, die wir gegenüber anderen Menschen einnehmen, auf die restliche Welt zu erweitern: Sprache, Kultur, Bedeutung, Ästhetik, Erfindungsgabe, Erinnerung, Erotik, Liebe.

„Und noch ein Coming-Out, ein endgültiges diesmal: Ich bin terraphil. Verliebt in diesen Planeten. Dichtes Gras betört mich, nichts berührt mich mehr als die sanfte Bewegung einer Raupe, die auf der Rinde eines Baums nach oben kriecht." Das schreibt Paul B. Preciado in einer Kolumne mit dem Titel „Liebe im Anthropozän". Indem wir die Erde mit unseren kapitalistischen Praktiken zu einer ‚Ressource' machen, zerstören wir sie, wir bringen sie metaphysisch und materiell zum Schweigen. Wir gestalten unsere Beziehung zu ihr als „Souveränitäts-, Herrschafts- und Todesbeziehung", wir objektivieren nichtmenschliche Wesen und „ent-erotisieren" unsere Beziehung zur Erde, die Erde selbst. Eine weitere Form der Unsichtbarmachung und Unterdrückung der unendlichen Vielfalt von Körpern und Begehrensweisen, die diesen Planeten bewohnen. Gegen diese Dimension von Unterdrückung begehrt das terraphile Coming-Out auf.

liebestier ist eine Feier der Terraphilie: Ein Tanz durch die Körper von Tieren, Anakonda, Anglerfisch, Bärtierchen, Glühwurm, Reiterkrabbe, Nebelkrähe ... in dieser rauschhaften, horizontalen Seelenkörperwanderung, diesen animalischen Dionysien ereignen sich zwei unendliche Verwandlungen.

Die erste betrifft unsere Körper als Lesende. Wir fühlen uns ein in den schmiegenden, kletternden Körper des Eichhörnchens, das Pulsieren des Glühwurms, die Zunge des Leguans, die wilde Suche der Wölfin. Wir stellen fest, dass das gar kein Problem ist. Sowie wir es gewohnt sind, uns lesend in Menschen hineinzuversetzen, deren Körper, Erfahrungen, Lebensweise radikal von der unseren verschieden sind, können wir uns leicht daran gewöhnen, uns im sensomotorischen Spiel unserer Imagination in Körper mit Fell, vier Beinen, Flughaut oder den vielen Armen eines Kraken zu verwandeln. Sicher irren wir in dieser auf Tiere erweiterten Empathie oft, tragen vieles von uns mit hinein, ebenso wie in der empathischen Begegnung mit anderen Menschen. Trotzdem gibt es Grund zu dem Vertrauen, dass sich dabei weit mehr ereignet als bloße illusorische Anthropomorphisierung. Noch mit scheinbar so entfernten Lebensformen wie Zebrafischen teilen wir über siebzig Prozent unseres Genoms, mit Katzen neunzig Prozent, mit Schweinen achtundneunzig. Wir teilen gemeinsame Vorfahren. Aber vor allem teilen wir viele grundlegende Erfahrungen des Lebens auf der Erde: Schwerkraft, Atmosphäre, Wechsel von Tag und Nacht, von Licht und Schatten, von Wärme und Kälte, Bewegung, Reibung, verwundbare Körper, Sterblichkeit, Stoffwechsel, sinnliche Wahrnehmung ... die Vergleichsgrundlage ist groß. Wenn wir im Lesen mit Gemiu dem Kranich in der Morgendämmerung erwachen, das Gefieder frei schütteln, die Alchimie der Körper spüren, Köpfe und Schnäbel aufwärtsrichten, wacher werden, wild tanzen — bringen wir dann bloß unsere eigenen Erfahrungen in Anschlag oder verwandeln sich unsere Erfahrungen, indem wir sie alchimistisch mit der des Kranichs verbinden? Wenn der Kranich menschlicher wird, werden wir kranichhafter. Mit jedem Tier entdecken wir neue Nischen unseres eigenen Körpers. Im Nachvollzug ihres Wollens und ihrer Lust werden wir nuancierter in der Wahrnehmung unseres Begehrens, mit der Nachbildung ihrer Empfindungsfähigkeit und ihren Wahrnehmungsorganen in unserem lesenden Körper, entdecken wir die weitreichende Wandlungsfähigkeit unserer eigenen Sinnlichkeit.

Die zweite Verwandlung betrifft die Welt selbst. Wir sind es gewohnt, die Erde als ein komplexes Wechselspiel physikalischer, chemischer und biologischer Prozesse zu denken. In den letzten Jahrzehnten sind wir außerdem mit der Rolle von Information in den Netzwerken des Lebendigen vertrauter geworden, mit den vielfältigen Weisen der arteninternen und artenübergreifenden Kommunikation in Ökosystemen, ob in Wäldern, Bienenstöcken oder Ozeanen. Eine Art wissenschaftliche Verzauberung light, eine zaghafte Poetisierung der Welt, die ihre Schüchternheit mit der selbstbewussten Geste des Informationsparadigmas überspielt. Aber was, wenn wir für einen Moment unseren scheinbar rationalen Rückhalt aufgeben und uns vorbehaltlos in das Wogen der mehr-als-menschlichen Welten hineinwerfen? Wenn wir uns der Biene Uki anvertrauen, uns mit ihr von Pheromonen locken lassen, mit ihr den Taumel in der Luft lieben, den Flug, uns mit ihr von den Blüten finden lassen, von ihnen gewollt, sie wollend, unsere Bienenwelt mit den Blütenwelten verschränken? Plötzlich zeigt sich etwas, das sich wissenschaftlich vielleicht nicht beschreiben lässt: das Begehren als eine entscheidende ökologische Beziehung, die Sinnlichkeit, der Genuss der Körper an sich und aneinander als eine unverzichtbare Kraft in den artenübergreifenden Geweben der Erde. Auch als Wildheit, Sehnsucht, Verlangen, Kampf, Jagd, Sehnen, Trauer, als gemeinsames, verschlungenes, verwundbares Streben der Körper. Das Tanzen der Kraniche, das Leuchten der Glühwürmchen, das Umherstreichen des Luchses, die kugelformende Tätigkeit des Pillendrehers. Nichts davon, das enthüllen die Liebestiere in ihrem Fest, lässt sich auf Instinkt oder auch komplexe Informationsverarbeitung reduzieren. Überall tummeln sich die Tiere in der vieldeutigen Erotik von Farben, Formen, Gerüchen, Licht, Berührung, der Ver- und Entschlingung von Körpern. An dieser Erotik hat alles irdische Leben teil, vielleicht wird es sogar von ihr erhalten und immer neu erfunden.

Die Künstlerinnen Annie Sprinkle und Beth Stephens nennen in ihrem Buch *Assuming the Ecosexual Position* unter anderem 25 Weisen, die Erde zu lieben („25 Ways to Make Love to the Earth"). Darunter: „Spend time with her."; „Talk Dirty to her plants."; „Hug and stroke her trees."; „Do a nude dance for her."; „Swim naked in their waters." Die Erde zu lieben bedeutet für sie gleichzeitig die Lust an der Sinnlichkeit der Biosphäre und Widerstand gegen ihre Ausbeutung. Die Erotisierung der Erde stellt sich in wütender Zuneigung ihrer Objektivierung in den Weg. Jedes der Liebestiere beschreibt eine eigene Weise der Liebe mit und auf der Erde. Jedes Tier lädt uns in eine Facette seiner einzigartigen erotischen Nische ein, viele davon bedroht. Miriam Tag folgt dem Eros der Erde auf vielen Pfaden: als Wissenschaftlerin, als Mystikerin, als Philosophin, als Mutter, als Liebende und als rückhaltlose Lyrikerin. Ihre Terraphilie ist ansteckend. In und mit ihren Gedichten betreten wir einen durch und durch erotischen Planeten, unsere Erde.
— *Simon Probst*

INHALT

san, eichhorn	04
miku, leguan	05
sarawak, anakonda	06
mala, glühwurm	07
prien, fuchs	08
gerlo, raupe	09
frenk, eule	10
kirumi, krake	11
ana, tigerin	12
cristo, frosch	13
shibu, seeadler	14
yila, schwalbe	15
uri, libelle	16
ayan, gecko	17
rhia, schmetterling	18
costa, blauwal	19
toum, specht	20
imca, delfin	21
fenco, maulwurf	22
harko, biber	23
gerin, wasserläufer	24
ingala, grille	25
shiro, spinne	26
ganga, gottesanbeterin	27
uki, biene	28
luma, wölfin	29
kero, koralle	30
arafo, luchs	31
siwero, pillendreher	32
shori, wildschwein	33
uma, hecht	34
tuga, fledermaus	35
kilio, eisvogel	36
gemiu, kranich	37
tainu, elster	38
sora, nacktmull	39
jotri, wanderfalke	40
milo, neuguineahund	41
adeya, flughörnchen	42
suki, chamäleon	43
oro, walross	44
pela, anglerfisch	45
aki, bärtierchen	46
juun, symbion	47
shik, guppy	48
arja, würfelqualle	49
lora, geburtshelferkröte	50
shum, kieselalge	51
ror, nebelkrähe	52
shinga, reiterkrabbe	53
shun, knallkrebs	54
shar, winterkrabbe	55
makuni, seehase	56
NACHWORT	59
FÄHRTEN	64

FÄHRTEN

Abstand	06, 10, 20, 23	Unterirdisch	22, 23, 39
Attacke	34, 39, 48	Verlangen	05, 06, 08, 16, 20, 27
Beißen	31, 35, 41, 45	Verwegen	06, 12, 16
Berührung	04, 18, 22, 26	Vielfach	26, 28, 30, 49, 50
Beute	08, 24, 26, 27	Wälder	04, 07, 20, 33
Dämmerung	10, 17, 33, 52	Warten	23, 27, 29, 34, 46
Duft	04, 06, 18, 22, 28, 29	Wildheit	05, 12, 15, 33, 41
Dunkel	22, 39, 45	Winzig	46, 47, 51
Eigensinn	07, 34, 41, 45, 48, 53	Zart	17, 18, 31
Einheit	47, 51, 56	Zeichen	26, 27, 36, 38, 39, 43, 54
Erinnern	40, 43, 44, 54, 55	Zittern	25, 36, 38
Fell	08, 12, 31	Zunge	05, 06, 26, 35
Fürsorge	11, 37, 43, 50, 55		
Geduld	09, 31, 32, 43, 46		
Gefieder	14, 36, 37, 38		
Geschwindigkeit	15, 16, 34, 36, 54		
Gewimmel	30, 49, 50		
Gischt	19, 21, 44		
Haut	04, 17, 42		
Jagd	28, 36, 40		
Lecken	05, 29, 35		
Leuchten	07, 18, 31, 38, 43		
Luft	14, 15, 16, 40, 52		
Metamorphose	09, 30, 49, 53, 56		
Mystik	11, 32, 47, 51, 52		
Nass	13, 21, 24		
Ohr	05, 17, 35		
Ozean	11, 19, 21, 30, 45, 56		
Passage	11, 19, 25, 44, 52		
Polymorph	30, 47, 49, 56		
Rau	07, 12, 17		
Schimmer	21, 28, 32, 38		
Schwung	14, 15, 19, 34, 40, 42		
Sehnsucht	07, 10, 13, 29, 48		
Spiel	08, 15, 21, 42		
Sprung	12, 13, 24, 37, 42		
Stille	09, 10, 45, 46		
Suche	11, 19, 23, 25, 29, 41		
Töne	10, 20, 25, 35, 37, 41, 54		
Trauer	13, 40, 55		
Ungeduld	20, 23, 53		